병자성사

ANSELM GRÜN
DIE SALBUNG DER KRANKEN
Trost und Zärtlichkeit

Copyright © 2001 Vier-Türme GmbH
D-97359 Münsterschwarzach Abtei
All rights reserved

Translated by YOON Sun-ah
Korean translation copyright © 2006 by Benedict Press
Waegwan, Korea

Published by arrangement with Vier-Türme GmbH, Münsterschwarzach

병자성사

2006년 8월 초판 | 2009년 8월 재쇄
옮긴이 · 윤선아 | 펴낸이 · 이형우
ⓒ **분도출판사**
등록 · 1962년 5월 7일 라15호
718-806 경북 칠곡군 왜관읍 왜관리 134의 1
왜관 본사 · 전화 054-970-2400 · 팩스 054-971-0179
서울 지사 · 전화 02-2266-3605 · 팩스 02-2271-3605
www.bundobook.co.kr
ISBN 89-419-0612-1 03230
값 6,000원

이 책의 한국어판 저작권은
Vier-Türme GmbH와 독점 계약한 분도출판사에 있습니다.
저작권법에 의해 한국 내에서 보호를 받는 저작물이므로
무단 전재와 무단 복제를 금합니다.

안셀름 그륀

병자성사 위로와 사랑의 손길

윤선아 옮김

분도출판사

머리말 | 7

1 병자성사 | 11

"앓는 이들을 고쳐 주고 죽은 이들을 일으켜 주어라" — 예수님 말씀 | 11
병자성사의 역사 | 17
참으로 낫게 하시는 의사 예수님 | 23
어머니 사랑 같은 하느님 사랑 | 28

11 병자성사 예식 | 31

성수로 축복함 | 32
사제가 성사의 의미를 설명함 | 33
참회기도 | 34
복음 | 35
보편지향기도(신자들의 기도) | 35
안수 | 36
도유 | 37
병자를 위한 기도 | 41
강복 | 42
병자들의 공동미사 | 43

III 병자성사 — 삶의 출발점 | 47

그리스도인은 병을 치유하라 | 48
병은 영적 과제다 | 54
시인들은 병을 어떻게 받아들였는가? | 58
병이 기도가 되게 하라 | 61
죽을 때까지 사랑하라 | 62

맺는말 | 67
참고문헌 | 69

머리말

병자성사는 병자들에 대한 교회의 배려라는 맥락에서 이해될 수 있다. 교회는 병자 돌보기를 사목적 보호와 동반자적 배려로 여긴다. 병자는 육체적으로뿐 아니라 심리적으로도 위기를 겪는다. 그래서 자기 말을 잘 들어 주고 자기를 이해해 주는 사람의 도움을 필요로 한다. 교회의 임무는 병자성사에서 가장 심도 있게 표현된다. 제2차 바티칸 공의회 이래 교회는 병자성사에 더 세심한 관심을 기울인다. 이 성사는 임종 직전의 종부성사로서만이 아니라 병자가 질병으로 육체적·영적 위험에 처해 있을 때도 그를 강건하게 해 준다.

오늘날에는 병자미사 중에 병자성사를 거행하는 교회들이 많다. 교회가 병자들에 대한 교회의 사명을 새삼 깨달은 것이다. 한 공동체가 병자를 어떻게 대하는지를 보면 공동체 구성원들이 평소 어떤 자세로 서로 교류하는지 알게 된다.

현대사회는 질병과 죽음을 심리적으로 억압하고 이를 병원과 요양원이 알아서 처리할 문제로 치부하려고 한다. 그저 전문가들에게나 맡기면 될 일이라는 것이다. 사회는 이 두 문제에 관여하고 싶어 하지 않는다. 병을 심리적으로 억압하는 이런 태도에 교회가 동조해서는 안 된다. 병자성사는 교회 공동체가 병자를 돌보고 병자가 하느님의 사랑을 받도록 도울 뿐 아니라, 인간적으로도 병자에게 관심을 갖고 보살피며 배려한다는 것을 드러내는 표지다.

이 책에서 나는 병에 대한 교회의 전반적 태도를 서술하려고 한다. 우리는 교회의 성사들을, 사제나 그 외 사목자들만 성직에 힘입어 베푸는, 유리遊離된 것으로 이해하면 안 된다. 성사들은 삶과 죽음·건강과 질병·성장·사랑·책임·사명 그리고 죄 등, 중요한 주제에 대해 교회가 전반적으로 어떤 태도를 가지고 있는지를 보여 주는 표지다. 이는 모든 성사가 다루는 삶의 핵심 주제다.

병자성사는 우리에게 질병과 죽음에 대해 깊이 생각하고 이를 믿음으로 극복하라고 요청한다. 또한 병자성사는 삶의 그 어떤 영역도 하느님의 자비로우신 사랑에서 배제되지 않음을 약속한다. 우리는 병 가운데서 하느님을 만나게 된다. 그리고 병은 예수 그리스도의 아버지이신 하느님을 위해 우리 마음을 열어 그분께서 우리 삶을 치유하시고 변화시키시도록 한다. 병자성사는 바로 이 점에 세심한 주의를 기울이게 해 준다.

1 병자성사

"앓는 이들을 고쳐 주고
죽은 이들을 일으켜 주어라"
– 예수님 말씀

예수님께서는 당신 제자들을 파견하시면서 말씀하셨다. "앓는 이들을 고쳐 주고 죽은 이들을 일으켜 주어라. 나병 환자들을 깨끗하게 해 주고 마귀들을 쫓아내어라"(마태 10,8). 병자성사는 이 말씀에 근거한다.

예수님께서는 당신께서 하신 일과 똑같은 일을 제자들도 하라고 요구하신다. 마태오는 제자들이 주님을 닮는다는 것을 매우 중요하게 여겼다.

예수님께서는 제자들이 그분의 권세와 능력에 힘입어 병자들을 치유하라고 그들을 파견하셨다.

예수님께서 제자들을 파견하신 일이 교회사에서 늘 심각하게 받아들여진 것은 아니다. 예수님의 분부를 심각하게 받아들인다 함은 무슨 뜻인가? 그것은 우리가 자신을 병자 치유 임무를 받고 이 세상 가운데로 파견된 예수님의 제자로 이해한다는 뜻일 것이다.

예수님의 복음은 치유의 차원을 지니고 있다. 우리가 예수님의 능력에 기대어 몸과 마음이 병든 사람들에게 관심을 기울이고 그들을 치유해야 한다는 말이다. 용기 잃고 여위어 가는 이들에게 용기를 북돋아 주고, 등 굽은 이들을 다시 일으키며, 말문 닫은 이들에게는 목소리 높이라고 격려하고, 절름발이들에게는 일어나 갈 길을 가라고 부추기는 일 ― 예수님께서는 우리가 이 일을 할 수 있다고 믿으신다.

우리는 사회에서 소외된 이들의 손을 잡아 주어야 한다. 자신을 받아들이지 못하는 이들에게, 그들이 사랑스러운 존재이며 우리가 좋아하고 싶어지는 사람이라는 사실을 알게 해 주는 것이 우리의 과제다.

인간 아닌 기계처럼 살면서 마음이 황폐해진 '죽은 사람들'을 다시 살려 내야 한다. 본연의 모습으로 사는 것을 방해하는 악령들을 쫓아낼 용기를 가져야 한다. 악령이 무엇인가? 그것은 내적 강박일 수도 있고 생각을 흐리는 부정한 영일 수 있으며 마음에 독이 되는 음울한 느낌, 착각일 수도 있다. 이런 것들은 우리를 거짓 세계로 이끌어 간다.

마르코 복음서는 제자들이 병자를 어떻게 치유하는지 보여 준다. "많은 마귀를 쫓아내고 많은 병자에게 기름을 부어 병을 고쳐 주었다"(마르 6,13). 교부들은 바로 이 구절을 병자성사의 원천으로 내세웠고 트렌토 공의회는 교부들의 의견에 동조했다.

고대에는 기름이 매우 유용한 약제였다. 특히 올리브 기름은 성령의 상징이었다. 올리브 기름은 척박한 땅에서도 열매 맺는 올리브 나무 열매에서 추출하기 때문이다. 올리브 기름은 약제일 뿐 아니라 빛과 정결의 상징이기도 하다. 그러니까 제자들이 병자에게 기름을 발라 줄 때 그들은 의사가 아니라 예수 그리스도의 증인 역할을 하는 것이다.

루터교의 성서 주석가 발터 그룬트만은 이렇게 말한다: 기름이 "안수와 더불어 하느님의 도움이 실제로 일어남을 드러내는 표징이라면 기름은 제자들의 손을 통해 성사적 의미를 얻는다"(Grundmann 170). 제자들이 병자에게 기름을 발라 준다 함은 하느님의 축복이 병자에게 임하도록 하는 것이다. 기름이 상처를 치유하듯이 하느님께서 예수 그리스도의 이름으로 당신의 치유 능력을 병자에게 내려 주시기를 바라는 것이다.

초대교회는 병자성사를 거행할 때 무엇보다도 야고보서의 한 구절을 근거로 삼았다. "여러분 가운데에 앓는 사람이 있습니까? 그런 사람은 교회의 원로들을 부르십시오. 원로들은 그를 위하여 기도하고, 주님의 이름으로 그에게 기름을 바르십시오. 그러면 믿음의 기도가 그 아픈 사람을 구원하고, 주님께서는 그를 일으켜 주실 것입니다. 또 그가 죄를 지었으면 용서를 받을 것입니다"(야고 5,14-15).

여기서 병자란, 병석에서 일어나지 못해 원로들을 직접 찾아가지 못하고 불러와야 하는 사람인 것 같다. 그렇다고 혼수상태에 빠졌거나 죽어 가는 상태도 아니다. 원로들을 부를 수 있으니까 말이다. 원로란 공동체의 윗사람, 그러니까 직분을 맡고 있는 사람이지 카리스마를 가진 치유자가 아니다(Mußner 218 이하 참조). 이 원로들이 병자에게 기름 바르며 기도한다. 기름 바르며 하는 기도는 믿음의 기도가 된다.

기름은 유다인들이 즐겨 쓰던 약제였다. 기름은 늙고 병든 아담에게 죽음의 고통을 덜어 주었다고 한다. 기름은 악령을 쫓는 데도 쓰인다. 그리고 죽음을 이기게 하고 강한 생명력을 유지시킨다.

원로들은 주님의 이름으로 기름을 바른다. 예수님 말씀에 따라 그분의 권능으로 이 일을 거행한다. 병자에게 기름 바르며 그를 위해 기도하면 주님이신 예수님께서 그 자리에 와 계시다. 주님의 이름으로 행함으로써 원로들은 예수님의 치유 능력을 경험한다.

베드로가 예루살렘 성문에서 앉은뱅이를 고쳐 주었을 때 바로 이 능력을 경험했다. 베드로는 이 치유를 이렇게 설명한다. "이 예수님의 이름에 대한 믿음 때문에, 바로 그분의 이름이 여러분이 지금 보고 또 아는 이 사람을 튼튼하게 하였습니다. 그분에게서 오는 믿음이 여러분 모두 앞에서 이 사람을 완전히 낫게 해 주었습니다"(사도 3,16).

병자성사는 마술이 아니다. 기도가 치유 효과를 가져오는 것이다. 이 기도는 "믿음의 힘에서 나오며 주님께 치유 능력이 있다는 사실을 아는 믿음, 그리고 그분께서 정말 도와주시기도 한다는 굳은 신뢰에서 나온 것이다"(Kaczynski 255). 원로들은 예수님께 믿는 마음으로 청할 뿐, 병자를 치유하시는 이는 항상 예수 그리스도, 그분이시다.

성서 주석가들은 야고보서 5장 14-15절에 나오는 세 말마디 '구원하다, 일으켜 주다, 용서를 받다'가 어떤 의미를 가지는지 숙고했다. 즉, 이 세 말마디가 영육의 건강을 되찾는 것을 뜻하는지, 아니면 완전한 구원, 이를테면 죽은 자들 가운데서의 부활을 의미하는지를 물은 것이다. 아마도 병세가 곧 달라졌음을 뜻했을 것이다. 원로들이 강한 믿음으로 기도하면 그 기도는 병자를 낫게 하고 그를 일으켜 주었다. '일으켜 준다' 함은 영적으로 일으켜 줌을 뜻한다. "주님께서는 병자에게 힘과 강건함을 주셔서 영적으로 고통을 극복하게 하신다"(Mußner 223).

야고보서의 말씀은 우리에게 육체의 치유를 위해 기도할 용기를 준다. 그러나 우리는 육체적 질병이 주문을 외우면 사라지듯, 기도만 하면 낫는다고 믿어서는 안 된다. 기도는 기도하는 사람의 마음속에 하느님에 대한 신뢰와 그분께 다 맡기려는 마음을 불러일으킴으로써, 마음을 진정시키고 용기를 북돋우기 때문에 몸에도 좋은 영향을 미친다.

물론 마음이 건강해졌다고 해서 육체도 반드시 건강해지는 것은 아니다. 중요한 것은 기도와 기름 바름을 통해 병자의 마음속에서 우러나는 신뢰다. 예수님께서 몸소 병자를 만져 주시고 일으켜 주신다. 그리하여 병자는 자기의 병을 새로운 자세로 대하게 된다.

뒷부분에 나오는 죄의 용서에 대한 구절은, 질병과 죄 사이에 반드시 필연적인 관계가 있는 것은 아님을 보여 준다. "또 그가 죄를 지었으면 용서를 받을 것입니다"(야고 5,15). 질병이 꼭 지은 죄 때문에 생긴다고 할 수는 없다. 병자성사를 받는 사람은 병자이지 죄인이 아니다. 그러나 죄를 지었을 때도, 기도와 기름 바름이 죄를 용서하시는 예수님의 능력을 가져다준다는 사실을 믿어도 된다. 예수님께서는 몸소 당신의 손을 병자 머리에 얹으시면서 아무 조건 없이 그를 받아들이신다. 죄짓고 양심의 가책 때문에 괴로울 때도 죄를 용서받고 하느님께서 무조건 받아들이신다는 사실을 아무 걱정 말고 믿어도 된다.

병자성사의 역사

이미 200년부터 주교들은 기름을 축성했다. 기름이 '축성을 통해 '원기와 건강을 가져다주는' 능력을 지니게 하기 위함이었다(Greshake 419). 축성할 때 주교들은 성령이 기름에 임하시라고 기도했다. 이렇게 하여 치유 능력을 지닌 기름이 성령의 상징이 된 것이다.

초대교회에서는 기름받음만 아니라 기름 자체를 성사라고 불렀다. 주교가 성찬례 때 기름을 축성하면, 신자들은 이 성유를 집으로 가져가 몸과 마음의 약으로 썼다. 그들은 이 성유를 마시기도 하고 바르기도 했다. 교황 인노첸시오의 교서에 따르면 당시에는 사제들에게만 병자성사를 줄 권한이 있었던 게 아니다. 병자성사는 모든 신자에게 허락된 성사였다.

교황은 야고보서의 말씀을 이렇게 설명한다. "이는 성유로 기름 바름을 받을 수 있는 모든 신자가 반드시 이해해야 할 것이다. 주교가 이 기름을 축성한 후 사제

뿐 아니라 모든 신자 자신이나 그 가족이 병에 걸렸을 때 병자성사를 위해 이 기름을 써도 된다"(Kaczynski 268). 교황은 이 기름도 성사라고 했다. 그렇기 때문에 속죄 기간 동안 교회로부터 배제된 속죄자들에게는 이 기름의 사용이 허락되지 않았다.

초대교회는 축성된 기름으로 행하는 병자성사를 미신과 이교도의 치유 방법들에 대립시켰다. 그리스도인들이 점쟁이와 마술사들에게 가지 않도록 교회에 치유 권한과 임무가 있음을 중히 여기고 기름을 축성한 것이다. 교회는 그리스도인들이 성찬례 때 그리스도의 몸과 피를 받아 모시고 이를 통해 치유받는다는 사실을 체험해야 한다고 보았다. 그리고 신자들은 축성된 기름을 집으로 가져가서, "자기가 직접 바르거나 가족들에게 발라 달라고 할 수 있다고 보았다"(Kaczynski 270).

이는 몸과 마음의 병을 치유받고 싶어 하는 인간의 기본적 욕구에 대한 교회의 응답이었다. 초기에는 신자들이 기름을 교회에 가져오면 감사기도 마지막 부분에 기름을 축성했다. 그러나 5세기부터는 주교가 주님 만찬 성목요일에만 기름을 축성했다. 신자들이 병자에게 발라 줄 기름은 오직 주교에게서만 받을 수 있었다.

전례서에는 어떤 병에 병자성사를 거행해도 되는지 병명이 일일이 열거되었다. 병자성사를 통해 교회는 삶의 곤경에 빠진 사람들에게 관심을 기울였으며 기름을 축성하여 각자가 집으로 가져갈 수 있도록 함으로써 사람들에게 병이 치유될 수 있다는 실질적인 희망을 선사했다.

첫 몇백 년 동안에는 병자 사목과 성찬례가 늘 밀접한 관계를 맺고 있었다. 신자들은 성찬례 때 자기 삶의 변화를 찬미할 뿐 아니라, 예수님의 죽음과 부활을 기억하면서 예수님의 치유 능력이 병든 가족의 고통을 덜어 준다는 믿음도 얻었다.

훗날 병자성사는 점차 주교의 권한으로 넘어가게 되었다. 병을 치유하는 기름도 주교에게서만 받을 수 있었다. 그러나 병자에게 병자성사를 베푸는 일은 모든 그리스도인의 과제이자 권리였다. 병자성사와 주교와의 밀접한 관계는, 기름을 주교에게서만 받을 수 있었다는 사실에서 연유할 따름이다.

오늘날 우리는 당대에 걸맞은 병자성사 예식을 찾기 위해 노력하고 있다. 그리고 평신도 '사목자'들이 병자성사를 주어도 되는지도 자주 토론한다. 그럴수록 병자성사를 대하는 초대교회의 태도를 새삼 진지하게 되돌아보아야 할 것이다.

카롤링거 왕조 시대에는 주교들이 병자성사를 거행하는 데 많은 노력을 기울였다. 전과 다른 점은 병자성사 집행 권한을 오직 사제들에게만 제한했다는 사실이다. 주교는 사제들에게, 병자들을 세심히 돌보고 그들의 임종을 도우라고 당부했다. 당시 주교들에게 병자성사는 무엇보다 임종을 준비하는 절차였다. 칼Karl 대제의 칙령(769)에 따르면 "임종자들은 축성된 기름으로 집행되는 병자성사와 화해성사 그리고 종부성사를 받지 않고 죽는 일이 없어야 한다"(Kaczynski 274).

그 후 병자성사는 동방교회의 영향을 받아 속죄 문제와 밀접한 연관을 가지게 되었다. 속죄 조건들이 너무 까다로웠던 탓에 사람들은 마지막 순간까지 이를 미루곤 했다. 그래서 병자성사는 '마지막으로 기름 바름을 받는 일', 즉 종부성사가 되고 말았다.

11세기와 12세기에 교회는 성사신학을 따로 정립했으며 성사의 수를 일곱으로 확정했다. 이때 토마스 아퀴나스는 병자성사를 "그리스도인이 걸어가는 구원의 여정 끝에 행해지면서 동시에 모든 것을 다 포괄하는 성사"(Greshake 420)라고 이해했다.

병자성사는 인간이 하느님의 영광을 나눠 가지도록 하기 위한 준비였다. 이로써 병자성사는 삶의 이쪽에서 저쪽으로 옮겨갈 때 마지막으로 받는 성사가 되었다.

제2차 바티칸 공의회는 병자성사를 종부성사로만 이해하던 일방적인 태도를 바꾸기로 결정했다. 병자성사는 병자의 생명이 경각에 달려 있을 때만 받을 것이 아니라, "믿는 사람이 질병과 노환 때문에 생명을 잃을 위험에 처하기 시작할 때"(Greshake 421) 받아야 한다는 것이다. 교황 바오로 4세는 교황령(Constitutio Apostolica)에서 생명의 위급을 더 이상 병자성사의 조건으로 규정하지 않았다. 오히려 "건강 상태가 심각하게 침해받은"(Greshake 421) 사람들에 대해 언급했다.

이는 신학적 논쟁을 야기시켰다. 병자성사가 너무 일방적으로 모든 크고 작은 병에 관여하는 성사로 이해된 것은 아닌가, 그리고 죽음이라는 주제를 회피하고 억압하는 세속의 사고방식이 교회에도 영향을 미친 것이 아닌가라는 물음들이 제기되었던 것이다.

그레스하케는 '병자성사와 종부성사', 그리고 병자를 돌봄과 임종 준비 사이에 긴장을 없애지 말고 놓아 두는 것이 좋겠다고 주장한다. 병은 항상 우리에게 죽음을 생각하도록 한다. 병은 죽음을 초래하게 마련이다. 그러므로 병자를 위한 기도는 치유를 바라는 기도이면서 동시에 병자가 병을 받아들이고 자기가 종국에는 죽어야 할 존재라는 사실, 다시 건강하게 된다는 보장이 없다는 사실을 기억하게 해 달라는 간구이기도 하다.

병을 "심신의 건강이 격심하게 흔들려 있는 상태"(*Die Feier der Krankensakramente* 22)라고 이해한다면, 병자성사는 인간이 흔들리고 있는 이 상황에서 예수 그리스도의 신비를 향해 마음을 열게 됨을 뜻하며, 예수 그리스도와의 만남을 통해 깨지기 쉬운 삶의 신비로 인도된다는 사실을 뜻하기도 한다.

병자성사는 인생이 무한하지 않음을 경험하는 일이기도 하다. 그러나 내가 죽어야 할 존재임을 경험하는 이 상황에서도 나는 하느님의 선하신 손 안에 놓여 있다는 사실을 믿도록 허락받는다. 하느님의 선하신 손은 나의 병을 치유하실 수 있다. 그러나 하느님께서 나를 병 가운데 머물러 죽음의 문을 통과하게 하실 때는 그분의 손이 나와 동행하신다.

병자성사를 줄 권한이 누구에게 있는지도 늘 제기되는 문제다. 병자성사를 줄 권한이 사제들에게만 있는가, 아니면 병자를 돌보는 사람이라면 누구나 성사를 줄 수 있는가? 병원의 여성 사목자(원목 수녀 등)가 병자성사를 주어야 한다는 의견을 지지하는 원목들이 많다. 병자와 가장 긴밀한 교류를 하는 사람이 바로 여성 사목자들이기 때문이다. 그럴 경우 병자성사는 모든 병자 사목의 정점이 되는 셈이다.

그레스하케는 야고보서가 '원로들', 즉 교회의 대표자, 직분을 맡은 사람을 언급한다는 사실에 근거하여, 사제와 부제에게만 병자성사 집행 권한을 허락해야 한다고 주장한다.

병자성사의 핵심은 병자에게 각별한 관심을 쏟는 데만 있는 것이 아니라, 병자를 어루만지시는 예수 그리스도의 사랑을 전하고자 하는 교회의 실천에 있다는 것이 그의 견해다.

우리가 물어야 할 것은 이것이다: 교황 인노첸시오 1세의 교서(416)는 병자성사 집행 권한을 병자를 돌보는 사람들, 즉 병자의 가족과 원목들에게 허락해도 된다고 말하지 않는가? 이때 주교가 축성한 기름이 공적 교회와 병자성사를 연결하는 끈이 될 것이다.

병자성사를 주는 사람이 누구든 간에 그는 주교의 이름으로, 주교가 축성한 기름으로 성사를 집행한다. 그렇다면 병자성사는 신앙에서 우러나온 사적 행위일 뿐 아니라 주교의 이름으로 그리고 주교의 축성과 함께 행하는 교회의 공적 행위이기도 하다.

참으로 낫게 하시는 의사 예수님

병자성사는 이른바 '통과 의례'rites de passage 가운데 하나다. 병자성사는 우리가 건강한 상태에서 병의 상태로 옮겨가는 상황, 삶에서 죽음으로 옮겨가는 시간을 견뎌낼 수 있도록 도와준다.

한 상태에서 새로운 상태로 옮겨감은 항상 우리를 두렵게 한다. 종교사를 통해, 통과 의례는 새로운 것에 대한 불안감을 덜어 주고 옮겨가는 기간을 무사히 견뎌낼 수 있도록 새로운 힘을 준다는 의미에서 중요시되었다. 문턱은 그것이 어떤 성질의 것이든 하나의 위협이고 위험이다.

고대인들은 문턱을 넘어가는 일을 항상 두려워했다. 그래서 많은 '문턱 전례'가 생겨났다. 크리스토포루스 성인은 중세의 '문턱 성인'이었다. 교회 현관 측벽에는 이 성인의 초상이 엄청난 크기로 그려져 있었다. 그렇게 하여 교회에 발을 들여놓을 때 그를 쳐다보는 사람이 힘을 잃지 않고 교회 문턱을 무사히 넘어가게 하기 위해서였다. 우리는 어떤 태도로 병자성사를 통과 의례로 이해해야 할까?

건강한 상태에서 병의 상태로 옮겨감은 당연한 일이 아니다. 1975년 독일어권 주교들의 위임으로 발행된 『병자성사 예식서』(*Die Feier der Krankensakramente*) 머리말은 병을 "심신의 건강이 격심하게 흔들려 있는 상태"(22)라고 표현했다.

병에 걸리면 불안해진다. 삶이라는 건물에 금이 가는 것이다. 병자는 "편안한 일상, 안정된 직장과 사회생활을 더 이상 계속할 수 없다. 일할 능력의 상실과 주위 사람들로부터의 소외, 심신의 고통이 야기하는 불안 ― 이 모든 것을 체험할 때 병자는 의기소침해지고 탈출구가 막힌 느낌, 위기의식 그리고 절망감에 빠지게 된다"(위 책 17). 아무 데도 의지할 곳이 없다는 생각이 드는 것이다.

병자는 어떤 병이든 생명의 위협도 느끼게 마련이다. 이제는 보양식과 건강한 생활 습관의 도움만으로는 소원해 마지않던 나이까지 살 수 있으리라는 보장이 없다. 아주 가벼워 보이는 병에서도 죽음이 예고될 수 있는 법이다.

  병은 아무 일도 할 수 없게 만든다. 이제는 예전에 아주 중요하다고 생각했던, 없으면 인생이 제대로 돌아가지 못하리라고 굳게 믿던 여러 약속들을 취소해야 한다. 자신과 직장 그리고 가족을 위해 세운 계획들을 이제는 포기해야 한다. 언제쯤 이 계획을 실현시킬 수 있을지 가늠할 수조차 없다.

  삶의 기반이 뒤흔들리는 이 상황 속에서 병자성사를 받을 때, 예수 그리스도께서는 당신 스스로 고통 받은 분으로서 병자에게 다가오신다. 예수께서 병을 앓으신 기록은 없다. 그러나 그분의 수난사에는 병이 주는 고통의 상황을 우리에게 분명하게 보여 주는 전형적인 표상들이 들어 있다.

  병을 앓게 되면 우리는 건강한 정상인들의 '클럽'에서 쫓겨나는 경험을 한다. 주위 사람들에게 이해받지 못하고 배척당하고 소외된 느낌, 외로움이 엄습한다. 예수께서 수난받으실 때처럼 참아 내기 힘든 고통을 체험한다. 그리고 죽음의 위협 한가운데 서 있음을 알게 된다.

  병을 앓으면 수난당하시던 예수님뿐 아니라 병자를 치유하시던 예수님도 만난다. 예수님께서는 병자들에게 각별한 애정을 쏟으셨다. 병자를 보시고 불쌍히 여기셨다는 성경 말씀이 곳곳에 나온다. '불쌍히 여기다'는 뜻의 그리스어 스플란크니조마이*splanchnizomai*는 예수님께서 병자들의 병을 보시고 당신 '내장 깊숙한 곳에 이르기까지' 충격받으셨다는 것, 병자들을 당신 밖의 대상으로 다루시지 않고 그들을 당신 가운데로 들어오게 하셨으며 그들과 함께 고통스러워하셨음을 드러낸다.

교부들은 병자성사 때 세상 가운데 사신 예수님의 손이 우리를 어루만진다고 생각했다. 병자성사 때 예수님께서는 벳자타 못 가의 절름발이를 보시듯 우리를 바라보신다. 그분은 우리를 이해하신다. 우리 마음을 헤아리신다. 우리를 동정하신다. 우리와 함께 느끼신다. 우리를 만져 주시어 치유할 수 있는, 우리 내부에 자리 잡은 신적 능력의 원천에 닿게 해 주신다.

그러나 그분은 귀먹은 벙어리와 나병 환자를 대하듯이 다정하고 이해심 많은 태도로만 우리를 대하지는 않으신다. 우리의 의지가 얼마나 강한지도 분명하게 알고 싶어 하신다. "건강해지고 싶으냐?"(요한 5,6).

낫기 위해 정말 싸울 준비가 되어 있는가? 아니면 그 사이에 벌써 내 병에 익숙해져 버렸는가? 병에 걸렸으니까 그냥 되는 대로 아무렇게나 살면서 책임도 내던져 버리고 주위 사람들의 배려만 바라며 살아도 된다고 생각하는 것은 아닌가? 예수님께서는 요구하신다. "일어나 네 들것을 들고 걸어가거라"(요한 5,8). 그분은 내 속에 들어 있는 힘을 일깨우시고자 한다.

예수님께서는 낫게 하시는 의사로서 나와 만나신다. 그렇다고 그분이 내 몸의 병을 낫게 해 주신다는 보장은 없다. 내 믿음으로 치유를 강요할 수는 없다. 그리고 사제도 병자성사로 병을 치유할 수 있는 것이 아니다. 병이 낫는 것은 하나의 기적이다. 우리는 기적이 일어나기를 희망할 뿐이다.

우리는 몸과 마음의 진정한 치유자이신 예수님께 마음을 열어 그분께서 묻도록 해야 한다. "내가 너에게 무엇을 해 주기를 바라느냐?"(마르 10,51).

진심으로 바라는 게 무엇인가? 병이 치유되는 것인가? 고통이 없어지는 것인가? 아니면 내 영혼의 치유, 내적 일치, 하느님과 하나 됨인가? 무엇이 나를 내면의 진리로 다가가게 할 것인가? 무엇이 내면의 평화를 가져다주어 내가 나 자신과 화합하게 할 것인가?

병자성사는 예수 그리스도와 몸으로 만나는 일이다. 그분은 나를 바라보시며 내게 말을 거신다. 어루만져 치유해 주시는 당신 사랑의 표지로 내게 기름 발라 주신다. 내 이마와 두 손에 십자가를 그어 주시고 죽음을 이기는 당신 사랑을 내 몸에 새기시어 그 사랑을 몸으로 느끼게 하신다.

치유하시는 예수님과 몸으로 만나면 병을 변화시킬 수 있다. 마음 깊은 곳에서 변화와 치유의 과정이 시작된다. 이 과정이 내 몸에도 영향을 주리라는 걸 믿어도 좋다.

어머니 사랑 같은 하느님 사랑

병자성사를 종부성사로만 행하던 예전의 이해가 너무 일방적인 것이기는 하지만, 병자성사를 죽음으로 가는 준비로 보는 관점도 소홀히 다루면 안 된다. 병자성사는 죽음을 심리적으로 억압해서도 안 된다. 병이 나아 더 오래 살 수 있으리라는 일방적 희망을 병자가 가지도록 해서도 안 된다.

어떤 의미에서 병은 항상 '죽음에 이르는 병'이다. 우리는 병자성사를 통해 삶에서 죽음으로 옮겨가는 신비를 체험한다. 죽음을 이기고 부활하신 그리스도께서는 우리가 죽음의 문을 지날 때 당신이 우리를 동행해 주신다는 확신을 우리에게 선사하신다. 그분은 우리에게 천사를 보내시어 우리가 죽음의 문턱을 무사히 넘도록 부축해 주신다. 그리스도께서는 죽음에 대한 우리의 두려움을 거두어 주신다.

다정히 기름 발라 주실 때 죽음의 잔혹함은 사라진다. 기름 바름은 사랑으로 충만하다. 여성적이고 모성

적이다. 예수님께 기름 발라 드린 이가 여자였음은 결코 우연이 아니다. 한 제자가 여인을 나무라자 예수께서는 그녀를 두둔하셨다. "이 여자를 그냥 놔두어라. 그리하여 내 장례 날을 위하여 이 기름을 간직하게 하여라"(요한 12,7).

마리아가 예수님의 발에 기름을 발라 드릴 때 그녀는 죽음을 넘어서도 지속되는 그녀의 사랑을 그분께 보여 드린 것이다. 그분께서 기름 바른 발로 죽음의 문턱을 넘으실 때 함께하는 그녀의 사랑을 생각하시게 하기 위함이었다.

초대교회는 죽음을 어머니 같으신 하느님과 연관지었다. 죽은 아들을 무릎에 안은 성모 마리아는 수세기에 걸쳐 그리스도인에게 희망을 주고 있다. 우리가 죽을 때 추위와 어둠 한가운데로 떨어지지 않고 어머니 같으신 하느님의 따뜻한 팔에 안기게 되리라는 희망 말이다. 죽음은 어머니와 연관된다. 죽음이 곧 새로 태어남이기 때문이다.

병자성사 예식의 자상함은 우리 병이 치유되리라는 희망을 선사하면서 죽음에 대한 불안을 없애 준다. 죽음을 회피하는 것이 아니라 죽음을 또 다른 가능성으로 직시하게 한다. 그러나 결정적인 것은, 우리가 아플 때나 건강할 때 그리고 죽을 때도 자비하신 하느님의 사랑이 우리를 감싸 주신다는 사실이다.

병은 우리 실존을 흔들어 바로 이 희망의 소중함을 알아차리게 한다. 질병과 죽음의 가능성을 심리적으로 억압하지 않으려면 사랑 가득 찬 손길로 우리를 만져 주시는 예수님, 치유하는 의사이시며 죽음을 넘어 부활에 이르는 길을 걸어가신 예수님과의 만남이 필요하다.

캔터베리의 안셀무스는 예수님을 우리의 어머니라고 부른다. 병자성사에서 우리는 예수님을 아버지 같은 분, 어머니 같은 분으로 만난다. 그분은 당신의 남성적인 힘으로 우리를 채워 주시면서 어머니처럼 우리를 안아 주기도 하신다.

예수 그리스도와의 만남은 건강에서 질병으로, 삶에서 죽음으로 옮겨가는 일을 두려움 없이 믿음으로 견뎌 내도록 우리에게 힘을 준다. 그리스도와의 만남은 이세상에서 저세상으로 옮겨갈 때 어머니 같은 하느님 사랑이 우리를 감싸고 있다는 확신을 선사한다.

11 병자성사 예식

병자성사 예식에서 가장 중요한 두 가지 요소는 침묵 중의 안수와 축성된 올리브 기름을 발라 주는 것이다. 이 예식은 말씀 전례 중에 행한다.

   병자성사 예식은 병자 주위에 둘러선 사람들과 함께 거행한다. 도유塗油 예식은 공동 병자미사 중에도 거행할 수 있다. 공동미사 중의 병자성사에서는 성찬례를 거행할 수도 있다.

성수로 축복함

『병자성사 예식서』는 사제가 병자와 그 곁에 있는 사람들에게 인사하라고 권한다(Die Feier der Krankensakramente 참조). 인사말을 하고 나서 사제는 상황에 따라 병자와 그 방에 성수를 뿌리며 이렇게 말한다.

"이 성수로 이미 받은 세례를 기념하며 몸소 수난과 부활로 우리를 구원해 주신 그리스도를 생각합시다."

이 짧은 예식은 세례와 병자성사의 실질적 동질성을 드러낸다. 그레스하케에 따르면, 병자성사는 "인간이 자기 힘으로 넘을 수 없는 삶의 한계에 부딪쳤을 때 새롭게 베풀어지는 또 다른 세례다"(Greshake 422). 성수는 병자가 세례 받을 때 다름 아닌 그리스도와 하나 됨으로 받아들여졌다는 사실, 그리스도와 하나가 되었다는 사실을 기억하게 한다. 그러므로 병자는 병도 그리스도와 하나 됨으로 견뎌 낼 것이다.

세례 받을 때 이미 우리는 죽음의 문턱을 넘어섰다. 죽음은 우리를 지배할 힘이 더 이상 없다. 세례 받을 때 우리는 그리스도와 함께 묻혔으며 그분과 함께 부활했다(로마서 6장 참조).

사제가 병자와 그 방에 뿌리는 성수는 병자에게 성령의 치유 은총으로 가득 찬 거룩한 공간에 누워 있다는 사실을 분명히 해 준다. 오직 거룩한 것만이 진정으로 치유할 수 있다. 병자는 성수를 통해 자기 안에서 솟아나오는 내면의 원천, 그를 관통해 흐르면서 치유해 줄 능력이 있는 성령의 원천에 다다르게 된다.

사제가 성사의 의미를 설명함

이제 사제가 병자성사의 의미를 짧게 설명한다. 사제는 당시 예수님께서 사람들이 데려온 병자의 머리에 손을 얹어 치유하셨다는 사실을 상기시킨다.

예수 그리스도께서 지금 우리 가운데 계시다. 행위의 주체는 다름 아닌 그분이시다. 함께 있는 사람들이 그분의 이름으로, 그분의 능력에 기대어 병자를 위해 기도할 것이다. 원로들이 병자를 방문해 기도하며 주님의 이름으로 병자에게 기름을 발라 주라는 것은, 야고보가 이미 그리스도교 공동체에게 한 당부였다.

시작 부분에서 병자성사 집전자는 예수님께서 자아내시던 치유의 분위기를 다소 반영할 말씀을 찾아내는 것이 중요하다. 말씀은 관계를 정립시켜야 한다. 그저 책 읽듯 무미건조하게 읽어 내려가면 안 된다. 말씀은 병자에게 말을 걸고 병자의 마음을 울려야 한다.

예수님께서는 등 굽은 여인을 보시고 가까이 부르셨다고 한다. 그분은 여인을 부르시기 전에 먼저 그녀가 병으로 고립된 상태에서 벗어나 그분 가까이 올 수 있는 분위기를 만드셨다. 그제서야 그분은 그녀에게 "여인아, 너는 병에서 풀려났다"(루카 13,12)고 말씀하셨다. 치유 말씀은 형식적이고 냉랭한 분위기에서가 아니라 따뜻한 위로의 분위기 속에서 전해져야 한다.

참회기도

이제 참회기도 순서다. 병자와 주위 사람들이 다 함께 참회기도를 드린다. 사제는 병자와 가족 친지들에게, 참회기도 대신 잠깐 침묵하면서 하느님께서 우리 죄를 전부 용서하시고 우리를 무조건 받아 주신다는 믿음으로 죄를 그분 앞에 바치자고 제안할 수도 있다.

죄 때문에 병에 걸렸고, 병이 다름 아닌 하느님의 벌이라는 생각 따위로 죄책감에 시달리는 병자들이 아마도 적지 않을 터이다. 그러므로 하느님께서 모든 죄를 용서하신다고 말해 주는 것이 매우 중요하다.

어떤 죄 때문에 병에 걸렸는지를 알고 싶어 하는 것은 무의미하다. 정죄도 사죄도 도움이 안 된다. 우리 죄를 스스로 판단하지 말고 그저 하느님께 바치기만 하면 된다. 하느님께서는 우리가 에두르고 잘못 든 모든 길과 함께 우리를 받아들이신다. 하느님 사랑은 그 무엇도 그분에게서 우리를 떼어 놓을 수 없을 만큼 강하다는 믿음만 가지면 된다.

복음

이제 사제가 복음을 읽는다. 예식서는 여러 성경 말씀, 특히 예수님의 치유 사화들을 권한다. "참행복", "풍랑을 가라앉히시다", 혹은 "고생하며 무거운 짐을 진 너희는 모두 나에게 오너라. 내가 너희에게 안식을 주겠다"(마태 11,28)는 예수님의 초대 말씀도 권한다.

복음서 대신 이사야서 35장 1-10절의 위로 말씀을 읽어도 좋다. 사도행전(3,1-10; 4,8-12), 로마서(8,14-27.31-39) 혹은 신약성경의 다른 서간에서 뽑아 읽어도 된다. 어쨌든 병자의 마음에 와 닿아 병자의 용기를 북돋아 주는 구절을 선택하는 데 세심히 마음 써야 한다.

독서 뒤의 짧은 강론이 충고가 되어서는 곤란하다. 병자와 가족들을 위로하고 격려하는 강론이어야 한다.

보편지향기도(신자들의 기도)

강론이 끝나면 보편지향기도(신자들의 기도)를 드린다. 이때 사제가 신자들이 바라는 바를 소리 내어 말하라고 권하는 것이 바람직하다. 이렇게 하면 병자에게 희망을 주는 기도 분위기가 된다.

병자는 이 기도를 들으며 가족들의 기도가 방패처럼 그를 감싸 주고 지켜 주며, 기도자들의 온기와 사랑이 그를 향해 흘러 나온다는 느낌을 받을 것이다. 여기서 병자는 중심적 위치를 차지하고 있다.

보편지향기도에서는 평소 말로 표현할 수 없던 느낌들이 쏟아져 나올 수 있다. 이는 병자 가족들의 마음의 짐을 덜어 주고 병자에게도 좋은 효험을 가져온다. 병자는 모두가 자기를 염려하고 사랑하며 그를 위해 희망을 빌어 준다는 것을 피부로 느낀다.

아무도 소리 내어 보편지향기도를 할 용기가 없다면 침묵 속에 기도하자고 권하는 것이 좋겠다. 침묵기도 역시 희망과 사랑에 가득 찬 분위기를 자아내어 병자가 보호받고 있다는 느낌을 가지게 한다.

안수

보편지향기도 후 좁은 의미의 병자성사 예식이 시작된다. 사제는 침묵하며 병자의 머리에 손을 얹어 준다. 그럼으로써 믿는 이들의 기도를 하나로 모을 수 있다. 사제가 손을 얹을 때 병자는 기도를 몸으로 체험한다. 손의 온기를 느끼는 동안 병자는 그리스도께서 몸소 자기에게 사랑의 손을 얹어 주시며 성령이 임하도록 해 주신다는 것을 상상할 수 있다.

안수按手 때는 침묵기도를 드리는 것이 좋다. 말은 자칫 오해하기 쉬울 터, 병자의 특수한 상황도 언급하지 않고 병자 상태에 아무 관심도 표하지 않는 피상적인 기도라면 병자의 마음에 상처만 줄 수 있기 때문이다.

안수는 친밀한 분위기를 자아내고 하느님의 자비로운 사랑을 전하기에 좋다. 안수가 보호의 몸짓이기 때문이다. 안수는 치유와 사랑의 하느님 손길이 자기를 감싸고 있음을 명백히 느낄 수 있는 장場을 병자에게 열어 준다. 이 기도의 피난처 안에서 병자는 자신의 참모습과 대면할 수 있다. 그는 병들었을 때도 하느님의 보호를 받고 있음을 느낀다. 하느님께서 보호와 사랑의 손을 자기 몸에 얹고 계실 뿐 아니라 당신의 선하신 손길로 감싸 안으신다는 것을 느낀다.

이때 주위 사람들에게 함께 병자에게 손을 얹어 주자고 청할 수 있다. 병자의 머리나 어깨에 손을 얹어 주어 그가 사랑의 손길에 에워싸여 있음을 느끼게 한다. 이리하여 침묵기도의 능력, 하느님의 사랑 그리고 사람들의 사랑과 선의가 병자의 몸속으로 흘러든다.

도유

병자에게 안수한 다음 사제는 성유를 축성하는 감사기도를 드린다. 아들이신 예수 그리스도와 성령을 통해 치유하시는 하느님의 역사役事를 찬미한다.

여기서 기름의 상징성에 대해 꼭 언급해야겠다.

병자성사 때 쓰는 올리브 기름은 정화하는 힘이 있다. 올리브 기름은 병자의 마음을 혼탁하게 하고 어지럽히는 모든 것을 씻어 준다.

올리브 기름은 또 다산과 생명력의 상징이다. 올리브 나무는 저항력이 강해 수백 년 넘게 살기 때문이다. 병자가 이 거룩한 기름을 바름으로써 병에 저항할 힘을 얻게 되기를 바란다.

올리브 기름은 승리와 평화, 화해의 상징이기도 하다. 병자가 병을 이기고 마음의 평화를 얻기 바란다. 병자가 자신과 삶과, 특히 마음이 거부하며 저항하는 병과도 화해하길 바란다. 화해한 사람만이 치유받고 건강해질 수 있다. 예식서에 규정된 기도문이 바로 이 상징성을 드러내고 있다.

"주님, 당신 종에게 이 성유를 바르오니 그의 고통을 덜어 주시며 그의 약한 마음을 견고케 하소서."

이 기도 후에 병자의 이마와 두 손에 기름을 바른다. 이마에 기름 바를 때는 이렇게 기도한다.

"주님께서는 당신의 자비로우신 사랑과 기름 바르는 이 거룩한 예식으로 성령의 은총을 베푸시어 이 병자를 도와주소서."

손에 기름 바를 때는 이렇게 기도한다.

"또한 이 병자를 죄에서 해방시키시고 구원해 주시며 자비로이 그 병고도 가볍게 해 주소서. 아멘."

중세에는 사제가 병자의 오관五官에 기름을 발라 주었지만, 오늘날에는 이마와 두 손에만 바르고 있다. 독일어권 주교들은 『병자성사 예식서』 머리말에서 이마와 두 손에 기름을 바르는 것은 "(머리로) 사고하고 (손으로) 행동하는 존재로서의 전인全人에" 기름을 바른다는 뜻이라고 설명한다(*Die Feier der Krankensakramente* 24).

요한 크리소스토무스에 따르면 이마는 인간의 가장 고귀한 부분이다. 그는 사람의 이마가 곧 영이라고 보았다. 인간은 이 영으로 하느님을 향해 자기를 열고, 이 영으로 본능과 감정을 조종한다는 것이다.

손은 인간 행동의 표상이다. 우리는 일상사를 손으로 해결한다. 손으로 일하며 이 손으로 서로를 만져 주기도 한다. 그리고 손을 내밀어 악수한다. 상대방을 어루만져 줄 때도 손을 쓴다. 따라서 손은 우리가 맺는 인간관계와 우리 일상의 모든 중대사에서 없어서는 안 될 지체인 것이다.

사제가 기름을 바르도록 병자는 손을 편다. 이는 그가 사력을 다해 건강에 매달리는 것이 아니라 하느님 안으로 자기를 던져 하느님께서 주시는 치유의 선물을 빈손으로 받을 마음의 준비가 되어 있다는 표현이다.

기름을 발라 주는 행위는 다정하고 부드럽다. 그래서 병자의 이마와 두 손에 조심스럽게, 사랑에 가득 찬 손길로 기름을 발라 준다. 어떤 사제들은 기름으로 이마와 손에 십자가만 하나 그어 준다. 그러나 손 전체에 기름을 발라 주는 것이 훨씬 더 좋아 보인다. 아픈 곳이 어디인지 정확히 안다면 바로 그 부위에 기름을 발라 주는 것도 좋겠다. 이때 사제는 친근한 말로 치유기도를 할 수 있다. 향기를 더하려고 올리브 기름에 장미 기름 몇 방울을 섞는 사제도 있다고 들었다. 기름 바름은 감각을 부드럽게 자극하는 행위다. 따라서 이런 식으로 후각을 자극하는 것도 나쁘지는 않겠다.

사제가 병자에게 조심스럽게 기름을 발라 줄 때, 병상을 둘러싼 신자들의 사랑 가득한 염려와 관심은 그 밀도를 더해 간다. 그리고 병자는 자신이 가족 친지들의 기도로 받들어지고 있음을, 그리스도께서 몸소 자기를 돌보고 계심을 경험한다.

도유가 행해지는 동안 병자는 그리스도께서 당신 사랑의 손길로 친히 어루만져 치유하심을 그려 본다. 그리스도께서 이마를 만져 주시니 이제 병자는 맑은 정신으로 살아갈 수 있으며 영적 혼란에 빠지지 않으리라는 희망을 가져도 된다. 손에 기름을 바른다는 것은 병자가 자리를 털고 일어나 다시 일을 도모할 수 있고, 삶을 손수 꾸려 나가며, 이 손이 다른 사람을 위한 축복의 원천이 되리라는 약속의 표현이다.

병자를 위한 기도

이제 사제가 병자를 위해 기도드릴 차례다. 몇 가지 기도문이 이미 마련되어 있다. 사제는 병자의 상황에 따라 합당한 기도문을 선택하면 된다: 노환인가? 생명이 위급한가? 죽음의 고통과 싸우는가? 통상적인 기도문을 그냥 써도 되고 병자의 처지에 맞게 따로 기도할 수도 있다. 기름 바름이 병자를 강건하게 일으켜 주고 하느님 사랑으로 충만케 하기를 간구하면 좋겠다.

그런 다음 사제는 다 함께 「주님의 기도」를 바치자고 청한다. 서로 손 잡고 병자 주위에 기도의 고리를 만들자고 제안해도 좋다. 그러면 우리를 관통하며 병자의 보호막이 되어 주는 기도의 힘이 느껴진다. 경우에 따라서는 친지들에게 하늘을 향해 두 팔을 펴 들자는 제안도 한다. 그러면서 우리는 하느님 나라와 하느님의 구원을 향한 갈망을 지금 우리가 드리는 「주님의 기도」에 이입시킨다.

병자의 영성체는 「주님의 기도」가 끝난 뒤가 적당할 것이다. 초대교회는 영성체를 심신의 영약이라 여겼다. 병자는 영성체 때 의사이신 그리스도를 몸으로 체험한다. 예수께서 당신의 치유 능력을 병자에게로 흐르게 하셨듯이, 이제는 치유하시는 그분의 사랑이 영성체를 통해 병자의 몸을 관통한다.

강복

그다음으로 사제는 강복과 함께 병자성사를 마감한다. 예식서에서 몇 가지를 선택할 수 있는데, 나는 이 강복기도가 제일 마음에 든다.

"주 예수 그리스도님, 이 교우와 함께 계시며 그를 지켜 주소서. 이 교우를 앞에서 이끌어 주시며 뒤에서 보호해 주소서. 이 교우를 굽어보시고 보존하시고 강복하소서. 전능하신 천주 성부와 성자와 성령께서는 여기 있는 우리 모든 이에게 강복하소서."

강복할 때도 나는 병자가 감각을 총동원해 강복을 체험하도록 다시 한 번 병자에게 안수한다. 강복(benedicere['좋은 것을 말하다']의 역어)은 곧 하느님에게서 오는 모든 좋은 것을 병자에게 약속한다는 뜻이 아니겠는가?

강복은 '자르다, 금을 내다'라는 뜻의 라틴어 '세카레'secare에 어원을 둔다. 그렇다면 강복은 내가 상대방의 몸에 하느님의 사랑을 파 넣는다, 이 사랑을 그의 몸에 그려 넣는다는 뜻이 된다.

병자의 머리에 손을 얹어 강복하고 나서, 병자의 이마와 입과 가슴에 엄지로 십자가를 그어 준다. 이렇게 하면 병자는 치유하시는 하느님의 사랑이 그를 어루만져 주고 있으며 사제가 하느님의 이름으로 약속하는 좋은 것들이 그의 생각과 말과 느낌 속으로 파고 들어와 그를 변화시킨다는 것을 체험한다.

병자들의 공동미사

병자성사는 병자 개개인에게만 주어야 하지만, 병자성사 예식은 공동미사로도 거행될 수 있다. 여기에는 말씀 전례 중에 거행하는 병자성사와 성찬 전례 중에 거행하는 병자성사, 두 형식이 있다.

예식서에 따르면 "순례자들의 모임이나 병자를 위한 신심 단체의 모임에서" 공동 병자성사를 거행해도 된다고 한다. 또한 "교구의 큰 집회"에서도 공동 병자성사가 가능하다고 한다.

최근 몇 년 동안 연 1회 정례적으로 병자들을 위한 미사를 드리는 교구들이 늘어났다. 이는 병자들에 대한 교회의 배려와 관심을 표명하는 아주 좋은 방법이다.

독일 주교회의는 병자 공동미사 때 모든 병자가 즉석에서 병자성사를 받을 것이 아니라, 병자성사를 원하는 사람이 미리 사제에게 알리고 사제의 도움으로 병자성사를 준비하는 것이 중요하다고 강조한다. 공동 병자성사를 준비할 때 사제가 최소한 성사의 의미라도 병자에게 설명해야 한다는 것이다.

그리고 예식을 거행할 때는 그리스도께서 몸소 성사를 통해 병자들을 어루만져 주시며 당신의 치유 능력으로 충만케 하신다는 사실을 분명하게 밝혀야 한다.

병자성사를 성찬 전례 중에 거행할 때는 모든 성경 말씀과 성가를 와병과 치유, 투병과 병고 중에 하느님을 체험한다는 주제로 집중시켜야 한다. 이렇게 할 때 병자성사는 병자뿐 아니라 거기 모인 모든 신자의 마음에 와 닿는다.

병자는 건강한 사람에게 하나의 도전이다. 건강한 사람도 언제든지 병에 걸릴 수 있다는 사실을 깨닫게 하기 때문이다.

공동 병자성사 예식과 더불어 병자들을 위한 축복미사를 드리는 교회도 있다. 이 모든 노력이 뜻하는 바가 무엇인가? 그것은 교회가 적어도 일 년에 한 번이라도 병자들을 교회의 중심에 두고 싶어 한다는 것이다. 병자를 뒷전으로 밀어 버리고 선택된 소수자들만 병자를 돌보게 하는 일이 없어야 한다는 말이다. 병자를 염려해 주고 돌보는 일은 교회 전체가 짊어져야 할 과제다.

각 병자마다 축복하고 기름을 발라 주든, 통상적 관례에 따라 병자성사를 거행하든, 병자미사를 어떤 형식으로 거행하든지 간에 가장 중요한 것은, 병자가 공동체의 사랑과 관심을 체험하고 공동체의 기도를 통해 위로와 힘을 얻는 것이다.

그리스도께서 진정한 의사라는 사실이 병자성사에서 분명해진다. 예수님께서는 이천 년 전에 병자를 치유하셨듯이 오늘날에도 병자에게 사랑을 베푸신다. 그분의 사랑을 온전히 받아들일 때 몸도 마음도 치유될 수 있음을 믿어도 된다.

111 병자성사 ─
삶의 출발점

병자성사는 병이 하느님 체험의 자리가 될 수 있다는 사실을 보여 준다. 예수님께서 병자를 치유하신 것은 하느님 나라가 가까이 왔다는 표징이었다. 하느님은 치유하시는 하느님이시다. 치유는 하느님께서 세상을 다스리신다는 징표였다. 하느님은 인간의 구원을 바라시되, 영원한 구원만이 아니라 육체적 질병의 치유도 바라신다.

세례자 요한의 제자들이 예수님께 "오실 분이 선생님이십니까?"(마태 11,3)라고 물었을 때, 그분은 이렇게 대답하셨다. "요한에게 가서 너희가 보고 듣는 것을 전하여라. 눈먼 이들이 보고 다리저는 이들이 제대로 걸으며, 나병 환자들이 깨끗해지고 귀먹은 이들이 들으며, 죽은 이들이 되살아나고 가난한 이들이 복음을 듣는다"(마태 11,4-5). 예수님께서 하신 일을 그분의 제자들도 해야 한다. 그래서 그분은 병자들을 고쳐 주라고 그들을 파견하신다. 병자성사는 치유해 주라는 그분의 분부를 실행하는 일이다.

그렇기 때문에 나는 병자성사를 우리 삶 한가운데 온전히 받아들이기 위해서 두 가지 과제를 해내야 한다고 본다: 하나는 우리 모두가 서로를 치유하는 소명을 받은 사람이라고 큰 소리로 외치는 일이다. 또 하나는 병을 영적 자세로 대하자, 병을 우리의 영적 과제로 삼자는 요청이다.

그리스도인은 병을 치유하라

지난 몇십 년 동안 교회는 그리스도교 사목에서 병원 사목이 차지하는 가치를 새롭게 평가하기 시작했다. 원목들은 이 분야만을 위해 설치된 교육과정을 이수해야 한다. 아무 준비 없이 그냥 병자를 찾아가서 그와 이야기를 나누는 것만으로는 부족하다는 사실을 그들은 알고 있다.

병자와의 대화에는 각별한 섬세함이 필요하다. 이유는 간단하다. 병자의 상황은 한편으로 삶의 의미와 우리 여정의 종착지인 하느님에 대한 물음에 마음을 열게 한다. 다른 한편으로 병자는 매우 예민해서 대화 상대자가 곧 나을 거라는 둥, 병에도 이런저런 의미가 있지 않겠느냐는 둥의 경솔한 말로 위로하려 들면 마음의 상처를 받을 수 있기 때문이다.

병자는 대화 상대자가 정말로 자기의 병을 직시하는지 아니면 경건한 말만 남발하면서 병에는 직접 관여하지 않으려고 애쓰는지를 재빨리 알아차린다. 병은 늘 믿음의 위기이기도 하다.

많은 병자들이 자문한다: 하느님께서는 왜 내가 병에 걸리도록 하셨는가? 어떻게 하느님이 이토록 잔인하실 수 있는가? 내가 이제까지 섬긴 분은 도대체 어떤 하느님인가? 내가 하느님에 대해 잘못 생각한 것은 아닌가?

원목에게도 병은 믿음과 하느님 상에 대한 크나큰 도전이다. 암으로 병상에 누워 있는 한 젊은 어머니 앞에서 나는 하느님에 대한 순진무구하기 짝이 없는 말들을 더 이상 늘어놓을 수가 없었다. 말문이 막히고 믿음이 흔들림을 거부하지 말고 받아들여야 한다.

그러나 병자를 돌보고 배려하는 일을 원목들에게만 떠맡겨서는 안 된다. 이는 우리 모두의 과제다. 물론 우선은 가족 친지들이 병자를 돌보아야 한다. 그런데 원목들은 이 점에서 갖가지 색다른 경험을 한다.

입원한 가족과 없는 시간을 쪼개서 진지하게 대화하는 사람들도 있다. 그들의 대화는 겉돌지 않는다. 병자가 말하고 싶은 게 무엇인지 세심히 귀담아 듣는다. 반면, 자주 병원을 찾기는 하지만 병에 대한 이야기는 꺼리는 가족 친지도 있다. 그들은 이런저런 집안 대소사에 대한 이야기만 늘어놓다가 간다. 이런 대화는 병자의 호기심을 채워 주기는 하지만 진정한 만남에 대한 갈망을 채워 줄 수 없다. 또 다른 가족들은 중환자 방문을 두려워한다. 병이라는 우환과 맞닥뜨리기 싫기 때문이다.

병자성사는 성사 예식이 뜻하는 바대로 병자를 대하라는 요구다: 병자에게 손을 얹어 주고 그를 위해 기도하라. 그의 머리 위에 바람막이를 세워 그가 그 안에서 자신의 건강 상태에 대해 열린 마음으로 말하게 하라. 병자성사에서처럼 병자를 다정하게 쓰다듬어 주고, 하느님께서 병고에 시달리는 그를 헤아리시며 예수님의 치유 능력이 그의 병을 변화시킬 수 있다는 희망을 전하라.

우리 그리스도인은 병자를 돌보고 그를 위해 기도하라는 분부만 받은 것이 아니다. 예수님께서는 병자를 치유하라고 당신 제자들을 파견하신다. 많은 그리스도인이 의사와 전문 치료사들에게 치유를 맡겨야 한다고 주장한다. 하지만 예수님의 말씀을 진지하게 받아들인다면 우리 모두가 병자를 치유하라는 분부를 받고 이 세상에 파견되었음을 알게 된다.

예수께서 이 일을 우리에게 맡기셨다는 것은 우리에게 그 일을 할 수 있는 능력도 분명 있다는 뜻이다. 그러나 이를 어떻게 해석할 것인가? 우리가 '아마추어 치유자'로 나서야 한다는 뜻은 결코 아니다.

나는 병을 치유하라는 예수님의 분부를 한편으로는 기도의 치유 능력을 믿으라는 분부로, 다른 한편으로는 우리가 전 존재로 치유의 기운을 내뿜어야 한다는 말씀으로 이해한다. 우리 믿음이 질병 앞에서 끝나서는 안 된다. 힘 있는 기도는 사람을 치유할 수 있다. 물론 기도를 일종의 마술로 이해해서는 안 된다. 병자가 기도로 건강을 되찾지 못한다 해서 죄책감을 가질 이유는 없다. 그의 믿음이 부족해서가 아니기 때문이다. 치유의 기적을 바랄 수도 있지만 하느님께서 병을 어떻게 다루실지는 그분의 결정에 맡겨야 한다.

기도는 주술 呪術이 아니다. 하느님께서 우리의 기도를 우리가 소망하는 바대로 들어주신다는 보장은 없다. 그분께서는 항상 우리의 기도를 듣고 계시다. 그러나 하느님의 뜻은 신비이기에 우리가 늘 깨달을 수 있는 것은 아니다.

어떻게 하면 우리 전 존재가 치유의 기운을 내뿜을 수 있을까?

만나거나 가까이 있으면 기분이 아주 좋아지는 사람이 있다. 이런 사람과 함께라면 건강하게 살 수 있다는 느낌을 받는다. 어떤 사람은 우리를 병나게 한다. 이런 사람은 그저 불만투성이인 데다가 늘 한탄만 늘어놓으며 비난과 비방밖에 할 줄 모른다. 그리고 이런 태도를 우리에게 전염시킨다.

우리 존재의 기운이 하루이틀에 바뀌지는 않을 것이다. 그러나 치유의 기운이 우리에게서 흘러 나가도록 자신을 끊임없이 연마할 수는 있다.

먼저 자신과 화해하고 화합하면서 살아가야 한다. 평화는 자신과 평화롭게 사는 사람에게서 흘러 나온다. 다음으로, 병자의 욕구를 정성스럽게 귀담아듣는 것이 중요하다: 가장 간절히 바라는 것이 무엇인가? 무엇이 필요한가? 무엇을 마음에 들어 하는가?

그러나 마음을 다해 병자의 말을 들어 주는 것만으로는 부족하다. 치유의 기운은 늘, 건강한 사람과 대화할 때도, 우리에게서 흘러 나와야 한다. 우리 모두는 어떤 식으로든 치유할 능력을 받았다. 어떤 사람은 유머로, 어떤 사람은 이해심과 부드러움으로 치유한다. 어떤 사람의 말은 심금을 울리고, 어떤 사람은 피아노 연주나 그림으로 사람의 마음에 생기를 불어넣는다.

병자성사는 우리가 받은 이 능력을 알아차리라고, 이 능력이 사람을 낫게 할 수 있음을 믿으라고 요구한다.

하느님께서 우리에게 선사하신 것, 이것을 제대로 의식하고 써야 한다. 우리 누구나 치유의 기운이 우리에게서 흘러 나가도록 할 수 있다. 그러나 그전에 우리 스스로가 치유받아야 한다. 우리의 상처를 인정하고, 치유하시는 하느님 사랑에 이 상처를 맡겨야 한다. 그래야 남에게 상처를 주지 않는다. 그럴 때 이 상처가 치유 능력의 원천이 될 수 있다.

고대 그리스인들은 상처 입은 의사만이 치유할 수 있다고 믿었다. 자신의 상처를 잘 알고 있을뿐더러 이 상처가 변화하고 치유되는 것을 경험한 사람만이 다른 사람을 낫게 할 수 있다. 이렇게 상처 입은 의사에게서만 치유의 기운이 흘러 나온다. 그런 사람만 건강을 되찾으리라는 희망을 병자에게 전할 수 있다.

한 오순절 영성 모임에서 있었던 일이다. 참석자들에게 성령께서 각자에게 주신 능력이 씌어 있는 카드를 한 장씩 뽑도록 했다. 한 사람이 치유의 능력을 뽑았다. 그는 몹시 놀라면서 이를 어떻게 해석해야 하느냐고 물었다. 자기는 병을 치유할 수 없다는 거였다. 다른 참석자들이 그에게서 치유의 기운을 느낄 수 있다면서 용기를 북돋아 주었다. 그의 유머와 친절함이 사람을 편안하게 한다고 입을 모았다. 그럼에도 그는 우울증에 시달리는 자기 아내에게 무엇을 어떻게 해 주어야 할지 몰라 무력감을 느끼던 중이었다.

그러나 자기가 '치유의 능력'을 뽑은 것이 우연이 아니라는 것을 믿었다. 그는 새로운 신뢰감으로 가득 차 집으로 돌아갔다. 그는 자기에게서 어떤 치유의 기운이 흘러 나온다는 사실에 각별히 유의하기로 결심했다. 아내를 치유할 의도는 없었다.

인간의 무의식에 잠재되어 있는 치유자의 원형과 자기를 동일시하는 일이 얼마나 위험한 일인지를 그는 잘 알고 있었다. 그건 우리를 과대평가하는 행위이기 때문이다. 그럼에도 그는 기도하는 가운데 하느님의 치유의 영이 자기를 꿰뚫도록 마음을 열면 그에게서도 치유하는 어떤 힘이 흘러 나올 수도 있다고 믿었다.

병은 영적 과제다

병에 걸리지 않는다고 보장받은 사람은 아무도 없다. 몸에 좋은 음식을 골고루 먹고 운동도 적당히 하면서 건강한 생활을 영위한다고 해도 병에 걸리지 않는다는 보장은 결코 없다. 병에 걸렸을 때 의사에게 진찰받고 의술이 제공하는 가능성을 다 이용하는 것만이 우리의 과제가 아니다.

우리는 무엇보다도 병에 관해 비판적 성찰을 거듭해야 한다. 병을 성숙의 과제로 삼아야 한다. 병을 영적 과제로 이해해야 한다.

병의 영적 과제를 어디에서 찾을 수 있는가?

병은 우리를 의문 가운데 던져 넣는다. 그리고 많은 물음을 던진다.

첫 번째 물음은 올바른 삶에 대한 물음이다: 내가 뭔가 못 보고 지나쳤음을, 나의 진실과 동떨어진 삶을 살고 있음을 병이 가르쳐 주지 않는가? 너무 무리하지 않았는가? 과로하지 않았는가? 해로운 감정들을 너무 많이 삼키고 산 것은 아닌가? 몸과 마음이 보낸 위험신호를 못 듣고 지나친 것은 아닌가? 병은 내게 무엇을 말하고 싶어 하는가? 무엇을 바꿔야 하는가? 삶의 '계획서' 어느 부분을 어떻게 고쳐야 하는가? 삶에서 가장 중요한 것은 도대체 무엇인가? 일을 줄여야 하는가? 좀 더 신중하고 주의 깊게 살아야 하지 않는가? 친구와 가족은 내게 어떤 의미가 있는가? 어떤 점에서 내가 그들을 소홀히 했는가? 내가 그들과 함께 지낼 수 있는 시간이 한정되어 있다면 나는 그들과 어떤 관계를 맺고 살고 싶은가? 병은 삶을 다시 생각하고 삶의 주안점을 지금과는 다른 곳에 둘 수 있는 좋은 기회다.

두 번째 물음은 병의 영적 차원을 지향한다: 한계에 부딪치고 상처 입었을 때, 삶이란 무엇인가? 삶의 의미는 어디에 있는가? 하느님께서는 병을 통해 내게 무엇을 말하고 싶어 하시는가? 나는 무엇에 삶을 거는가? 병은 이런저런 착각을 버릴 수밖에 없게 한다. 나의 유

한함과 무상함을 체험한다. 내가 이제까지 성취한 일이 절대 가치를 잃는다.

나 자신이 진정 어떤 존재인지를 숙고할 때만 병을 내적 평화 속에서 극복할 수 있다. 내 가장 깊은 내면의 핵심은 무엇인가? 나의 참자아는 무엇인가? 표면적인 것은 모두 떨어져 나간다. 몸이 더 이상 제 기능을 하지 않는다. 겉모습은 추레해진다. 내면으로 향하여 그곳에서 나의 참자아를 발견해야 한다.

겉으로는 몸이 위협받고 허약해지고 있지만 내 안에는 내가 건강하고 온전할 수 있는 공간이 있다. 그것은 내적 침묵의 공간, 하느님께서 몸소 내 안에 거하시는 바로 그 공간이다. 바로 이 공간으로 나는 뒷걸음질쳐 들어가야 한다. 이는 본질적인 것에 대한 집중이다. 그 밖에 다른 것은 다 떨어져 나간다.

병에 걸리면 의문이 꼬리에 꼬리를 문다: 나는 왜 그토록 오랫동안 나 자신과 내 진실을 겉돌며 살아왔는가? 내가 죽으면 무엇이 남는가? 내 삶의 정수는 무엇인가? 내가 남긴 흔적은 어떤 것인가?

이리하여 병은 내가 살면서 전하고 싶은 것이 무엇인지, 내 소중한 사람들에게 남기고 싶은 말이 정녕 무엇인지 새롭게 생각하라고 권고한다. 붙잡고 매달렸던 그 모든 것을 이제는 손에서 놓아야 한다. 일과 직장 그리고 사랑하는 사람들을 놓아야 한다. 병은 나를 격리시키고 나를 나 자신에게 내던진다. 사랑하는 사람들이 나의 마지막 길을 함께하여도 죽음의 문은 혼자 지나야 한다. 병은 죽음으로 가는 연습이다.

영성이 내 안에서 얼마나 깊이 뿌리내렸는지는 병에 걸렸을 때 극명하게 드러난다. 오랜 시간을 명상에 바치고 영적인 사람이라는 인상을 주던 사람들이 병에 걸리자 극도로 예민하게 반응하던 것을 여러 번 경험했다. 그저 자기중심적인 생각 안에서 맴돌 뿐 거기서 빠져나오질 못하는 것이었다. 불만투성이였고, 간병인을 무척 힘들게 했다.

병에 걸렸을 때 내가 어떤 식으로 행동할지 보장할 수 없다. 극심한 통증에 내가 어떻게 반응할지 모르겠다. 병이 나의 영혼을 적나라하게 드러내 줄 것이다.

병은 내가 성숙한 사람으로 착각하지 마라고 요구한다. 어떤 상황에서도 자제력을 잃지 않고 침착할 것이며 병에 걸려도 자신과 일치해 있을 것이라는 착각을 나는 버려야 한다. 무력할 때만 하느님 안으로 나를 내던질 수 있다. 처음부터 끝까지 나를 인도해 주십사고 그분께 간청할 수 있는 것은 병에 걸렸을 때다. 병은 인간이 쓰고 있는 가면을 벗겨 버린다. 가면을 벗었을 때 추한 얼굴이 드러나지 않기를 기도할 뿐이다.

병이 내게 던지는 마지막 질문은 나의 하느님상에 대한 질문이다: 내게 하느님은 어떤 분인가? 건강할 때

나는 어떤 하느님상을 가지고 있었는가? 병에 걸린 지금은 어떤 하느님상인가? 내 하느님상에 나 자신의 감정과 생각이 너무 많은 비중을 차지하고 있지는 않은가? 하느님은 실제로 어떤 분이신가? 그분께서 내게 병이라는 터무니없는 요구를 하시는 이때 그분을 어떻게 이해할 수 있는가? 투병 중에도 나는 하느님 사랑을 믿을 수 있는가? 이런 하느님께 나를 맡기고 싶은가? 그분의 선하신 손이 병중에도 나를 붙들고 있음을 믿는가? 이 고통 속에서도 그분께서 가까이 계시면서 나를 사랑하고 치유해 주신다는 것을 믿는가?

시인들은 병을 어떻게 받아들였는가?

많은 시인이 병을 앓으면서 성숙했다. 그런데 병을 대하는 그들의 자세는 정말 제각각이었다. 라인홀트 슈나이더는 아버지에게서 우울증을 물려받았으나 이 병을 받아들였다. 우울증은 시작詩作의 원천이 되었으며 그의 하느님상에 결정적인 영향을 미쳤다. 그의 하느님상은 수난당하시는 그리스도의 모습이다. 그는 병으로 깨달음을 얻었다: "어떤 의미에서 우리는 병에 걸려야 한다. 그렇지 않으면 그분께서 우리에게 오시지 않기 때문이다. 병에 걸려서 치유받는다 — 이것이 복음의 패러독스다. 육체의 병은 은혜의 시련이다"(Cermak 37).

라인홀트 슈나이더는 병에 대한 태도가 자기와 비슷했던 위대한 사상가, 파스칼과 노발리스를 깊이 연구했다. 격정과 명예욕으로 불타던 파스칼은 병을 "세상의 사슬에서 자기를 풀어 하느님께 데려가 준"(Cermak 27) 힘으로 경험했다. 스물아홉 살에 폐병으로 죽은 노발리스는 병을 하느님께서 자기를 특별히 선택하신 표지라며 찬미했다: "병은 인간이 동식물과 다른 특별한 존재임을 드러낸다. 인간은 고통 받도록 태어났다. 무력할수록 도덕과 종교를 더 강하게 받아들일 수 있는 법이다. 삶의 속박이 강할수록 삶은 그만큼 더 승화되는 것이다"(Cermak 214).

시인 하인리히 하이네, 막심 고리키, 레오 바이스만텔은 병에 저항했다. 하인리히 하이네는 병과 결코 화해할 수 없었다. 고통은, 화해는커녕 신경만 날카롭게 만들 뿐이었다. 자신도 남도 증오스러웠다. 막심 고리키는 고통을 조롱했고 무시해 버렸다. 병을 경멸했고 평생 병에 저항하여 싸웠지만 결국 병이 그를 이겼다. 레오 바이스만텔도 병을 무시했다: "나는 건강한 척했다"(Cermak 58). 병을 모른 체한 것이다. 그에게는 쓰는 작업이 병을 한탄하는 것보다 중요했다. 그는 혼신의 힘을 쏟아 쓰는 일에 몰두했으며 남들보다는 짧지만 그러나 더 치열하게 살겠다고 결단했다. 작품에 대한 그의 헌신이 그를 충일하게 했다. 이 충일감은 "마음의 균형을 잡아 주었고 고양시켰는데, 이는 건강에도 긍정적인 영향을 미쳤다"(Cermak 58).

의사이자 철학자였던 칼 야스퍼스는 지병에도 불구하고 '생기발랄하게 살고자' 노력했다.

크리스티안 모르겐슈테른은 병이 그의 생활을 좌우하지 못하도록 했다. 폐병을 받아들이긴 했지만 그에게 이 병은 그저 외적인 것일 뿐이었다. 병이 그의 깊은 내면에 가 닿지 못하게 한 것이다. 그럼에도 그는 병을 좋은 기회로 보았다: "모든 병에는 제각기 특별한 의미가 있다. 병은 일종의 정화이기 때문이다. 우리의 과제는 병이 무엇으로부터 우리를 정화시키고자 하는지를 알아내는 일이다"(Cermak 62). 그는 병으로부터 내적인 거리를 두려고 애썼다. 그의 아내 마가레테는 모르겐슈테른이 이루 말할 수 없는 고통 중에서도 미소 지었다고 했다. 그의 웃음은 "모든 것을 풀어 주고 모든 것을 구원하는 듯, 맑고 경쾌했다. 내적 자유로 이끄는 탄탄한 길을 마음속에 지니고 사는 사람만이 그럴 수 있는 법이다"(Cermak 64).

모르겐슈테른은 말한다: " … 진정한 자유인은 병에 걸릴 수 없다. 나는 어떤가? 내 모든 시가 첫 줄부터 끝 줄까지 이 사실을 증거하길 바라노라"(Cermak 68). 모르겐슈테른은 깊은 내면에서 스스로 건강하다고 느꼈기 때문에 병에 휘둘리지 않고 견뎌 낼 수 있었다.

시인과 사상가들이 제각기 병에 달리 반응했듯이 우리에게도 병에 대처하는 여러 길이 있다. 병은 인간 됨의 비밀과 하느님의 신비를 더 깊이 탐구할 수 있는 좋은 기회다. 병에 저항하면서 우리 삶에서 최선의 것을 끄집어낼 수도 있다. 병을 알아보되 그것과 내적 거리를 둠으로써 병이 삶을 지배하지 못하게 할 수도 있다.

병을 대하는 태도는 성격과 지금까지 살아온 모습에 따라 결정된다. 병은 삶의 중요한 한 전환기다. 병은 우리의 가면을 벗겨 자신의 진실을 바라보고 이를 견디는 일을 더 이상 미룰 수 없게 한다.

병이 기도가 되게 하라

병자성사는 병을 영적으로 극복하라는 초대다. 병자성사 때 행하는 것을 우리는 내적으로도 이해하고 성취해야 할 것이다. 이 말은 무슨 뜻인가? 그것은 바로 병을 늘 기도의 주제로 삼는다는 것이다. 그렇다. 병 자체가 기도가 되게 한다는 뜻이다. 이때 기도는 당연히 여러 단계를 거칠 것이다.

맨 먼저 병에서 해방시켜 주십사고 하느님께 간절히 기도할 것이다. 아직은 더 살고 싶기에, 내가 이제까지 살면서 꿈꾸어 왔던 모든 것을 실현할 수 있게 해 주십사고 하느님께 간청하는 건 당연하다. 그분의 뜻에 따라 살겠노라고, 깨어 있는 자세로 더 주의 깊게 살며 본질적인 것을 놓치지 않겠다고 약속할 것이다. 그러나 점차 때가 되면, 나를 통해 그분 뜻이 이루어지도록 그분 뜻에 따르겠다는 마음가짐으로 기도하게 될 것이다. 그러면 기도 중에 자아와의 내적 거리가 생겨난다. 나를 하느님께 맡기게 된다.

기도의 두 번째 단계는 병이 기도가 되는 때일 것이다. 많은 병자가 더는 기도할 수 없다고 한다. 기도에 집중할 수가 없다는 말이다. 통증이 너무 심한 탓이다. 머리가 완전히 텅 빈 상태다. 그렇다면 병 자체가 기도가 되도록 하는 것이 병자의 과제이리라. 병을 받아들일뿐더러 쓸 만한 생각은 단 한 가지도 할 수 없는 상태에서, 병자가 자신을 하느님 앞에 바칠 때 그는 전 실존을 다해 기도하고 있는 것이다.

이제 병에 대항해서가 아니라 병과 함께, 병 가운데서 그리고 병 전체를 통해 기도하고 있다. 병은 이제 하느님을 향한 길이 된다. 병은 이루 형용할 수 없는 그분의 신비 안으로 점점 더 깊이 이끌어 가고 있다.

죽을 때까지 사랑하라

병자성사에서 행하는 안수 예식은 나를 병과 함께 하느님의 선하신 손에 맡긴다는 것, 병중에 있을 때도 그분께 보호받고 있다는 것을 드러내는 한 표징이다. 나는 내 병을 이해할 수 없다. 병으로 고통 받고 있다. 그럼에도 나는 하느님께서 병 가운데서 나를 잡아 주심을 알고 있다. 라인홀트 슈나이더가 병중에 하느님의 손이 자기를 붙잡고 있음을 알고 있었듯이 나도 병이 하느님과의 만남의 자리가 될 수 있음을 어렴풋이나마 짐작할 수 있다. 병 가운데서 나는 하느님께서 나를 잡아 일으켜 당신을 위해 내 마음을 열게 하시고 나를 껴안아 주신다는 것을 몸으로 체험한다.

도유는 하느님의 치유하시는 사랑이 나와 내 상처 안으로 흘러 들어간다는 사실을 구체적으로 체험하게 한다. 통증이 심해질 때 나는 하느님의 사랑이 그 안으로 들어가 고통을 덜어 준다고 상상할 수 있다. 하느님의 사랑은 내 병을 치유할 수 있다. 그렇다고 이를 통해 내가 온갖 통증에서 벗어나리라고 기대해서는 안 된다. 어쩌면 치유는 내 영혼 안에서만 일어날지도 모른다. 하지만 병을 거듭 하느님의 자비로운 사랑에 맡기면, 그리스도께서 몸소 사랑의 손길로 자비의 기름을 발라 주신다고 상상하면, 나는 병을 달리 체험하게 된다.

통증을 자기를 해치는 원수로 체험하는 사람은 그 통증 때문에 정신착란에 이를 수도 있다. 그런 사람은 병을 앓으면서 가혹하고 강퍅한 사람이 되어 버린다. 기름은 부드럽다. 쓴맛을 없애 준다. 올리브 기름은 맛도 좋다. 그러므로 하느님의 사랑이 올리브 기름처럼 내 병을 관통하여 흐르게 할 때 내 병은 다른 맛을 띤다.

병자성사 때 쓰는 기름은 성목요일에 주교가 축성한다. 우리는 병자성사를 통해 예수님의 죽음과 부활의 신비를 함께 나눈다. 그리고 십자가에서 당신을 온전히 바치신 예수님을 따라 우리도 자신을 온전히 바치는 연습을 한다. 예수님께서는 십자가 상에서의 폭력적 죽음을 당신 사랑의 절정으로 변화시키셨다.

요한 복음은 예수님께서 십자가에서 우리를 온전히 사랑하셨다고 선포한다. 그러므로 병자성사는 우리가 병을 자신을 온전히 바치는 행위로, 예수님의 수난을 함께함으로 이해하자는 초대이기도 하다. 자기 병을 받아들이고 형제자매들을 위해 병을 앓는 사람은 병을 축복의 원천으로 변화시킨다. 이 사람은 바오로 사도가 콜로새 신자들에게 보낸 서간에서 하신 말씀을 실천하고 있다: "그리스도의 환난에서 모자란 부분을 내가 이렇게 그분의 몸인 교회를 위하여 내 육신으로 채우고 있습니다"(콜로 1,24).

나이 든 사람들은 흔히, "내 고통을 자식과 가족을 위한 제물로 바친다"고들 한다. 병을 다른 사람을 위한 제물로 바친다는 이런 생각을 요즘 사람들은 이해하기 어렵다. 그럼에도 나이 든 사람들의 이런 생각이 그들의 병을 받아들이는 데 도움 되는 경우를 자주 본다.

그리 생각하면 나름대로 자기 병의 의미를 찾을 수 있기 때문이다. 그리고 자기가 그저 무력하기만 한 것은 아니라는 느낌을 가진다.

병중에 있어도 다른 사람들, 자식과 손자·손녀를 위해 아직 뭔가를 할 수 있다고 믿기 때문이다. 통증 때문에 고통스럽고 생활에 온갖 장애와 불편이 따르더라도 그들은 외부로부터의 이 가혹함을 사랑의 몸짓으로 변화시킨다. '병을 제물로 바친다'는 이 생각을 달리 표현하면 이렇다: 나는 내 병과 화해하고자 하며 내 가까운 사람들과의 연대 가운데서 병을 받아들이고 싶다. 그저 수동적인 자세로만 병을 앓을 것이 아니라 병을 온전히 나를 바치는 행위로 변화시키고 싶다.

이것이 가능할 때 이는 생애에서 허락받는 가장 크나큰 변화가 될 것이다. 그렇다면 예수님의 영은 이미 나의 심장을 변화시키셨다.

하느님께서 내 병을 치유하신다고 믿어도 된다. 그러나 끝이 다가오고 있음이 느껴지고 의사도 내 짐작이 옳다고 판단해 버리면 사력을 다해 삶에 매달리는 것은 의미가 없다. 이때 병자성사는 동시에 죽음을 준비하는 일이 된다. 병자성사 때 나를 만져 주시는 예수님의 손이 이제 모든 것 — 나의 과제, 내 소유, 내 주위의 모든 사람 그리고 마침내 나 자신까지도 놓아 버리라고 내게 청한다.

나는 알고 있다. 죽음도 예수님의 손에서 나를 떼어 버리지 못하리라는 것을. 그리고 죽음의 문을 통과할 때 예수님의 손이 나를 동행하시리라는 것도. 내가 죽을 때 어머니 팔 같은 하느님의 두 팔이 나를 붙잡아 주시고 안아 주실 것이다. 그러면 나는 내 소망의 마지막 단계인 본향으로 돌아가 거기서 영원히 살아도 된다는 허락을 받는다. 그때 내 눈이 떠져 하느님을 그분 본연의 모습대로 볼 수 있게 된다.

그때 바오로 사도가 코린토 신자들에게 한 말씀이 이루어진다: "어떠한 눈도 본 적이 없고 어떠한 귀도 들은 적이 없으며, 사람의 마음에도 떠오른 적이 없는 것들을, 하느님께서는 당신을 사랑하는 이들을 위하여 마련해 두셨다"(1코린 2,9).

맺는말

병자성사는 사제가 병자에게 행하는 하나의 예식에 그치는 것이 아니다. 그리스도께서는 이 성사를 통해 우리와 만나 그분 삶의 신비의 한 부분을 선물하신다. 그분께서는 우리의 상처를 치유할 능력이 있는 의사로 다가와 우리를 만져 주신다. 그리고 당신 사랑의 손을 우리에게 얹으심으로써 우리가 그분 사랑의 피난처 안에서 삶과 죽음의 신비, 그리스도의 죽음과 부활의 신비 안에 들어갈 준비를 하게 하신다.

우리가 성사에서 체험하는 것은 구체적인 삶에 영향을 미친다. 병자에 대한 교회의 관심과 배려는 병자성사에서 가장 분명하게 드러난다.

오늘날 노인과 병자들이 많이 늘어나고 있다. '실존이 크게 흔들리는 상황'에 처한 병자들을 돌보고 도와야 하는 교회의 과제가 그 어느 때보다 더 절실하다.

병자와 노인을 어떻게 대하는지를 보면 그 공동체의 질을 판단할 수 있다. 교회 공동체는 하느님 나라의 복음을 전파하고 병자를 치유할 임무를 받고 그리스도로부터 보내졌음을 믿는 사람들의 모임이다. 그러므로 바로 병자성사에서 교회 본연의 성격이 확인될 수 있다.

병자성사는 병자에게 그리스도와의 합일 가운데 병을 이겨 내고, 이 병을 하느님 앞에 선 인간의 신비를 이해할 수 있는 기회로 보라고 청한다. 병자성사를 통해 모든 병이 다 영적 과제임이 드러난다. 게다가 병자가 병을 받아들이고 이를 변화시키기 위해서는 결국 의술과 심리 치료뿐 아니라 영적 보살핌도 필요하다는 사실도 분명해진다.

병자성사 예식은 병을 어떻게 영적으로 견뎌 낼 수 있는지를 보여 준다. 중요한 것은 병을 헌신과 사랑의 한 몸짓으로 변화시키는 일, 그럼으로써 병을 우리가 드리는 가장 간곡한 기도가 되게 하는 일이다.

우리의 기도가 한데 모아져 마침내 가 닿아야 할 곳은 어디인가? 그것은 예수께서 당신 삶을 하느님의 선하신 손에 내맡기며 하신 말씀이다: "아버지, '제 영을 아버지 손에 맡깁니다'"(루카 23,46).

참고문헌

Die Feier der Krankensakramente. Die Krankensalbung und die Ordnung der Krankenpastoral in den katholischen Bistümern des deutschen Sprachgebietes, hrsg. im Auftrag der Bischofskonferenzen Deutschlands, Österreichs und der Schweiz und der Bischöfe von Bozen-Brixen und von Luxemburg, Freiburg 1975. 독일어권 병자성사 예식과 병원 사목에 관한 가톨릭 공식 전례 규정.

Ida CERMAK, *Ich klage nicht. Begegnungen mit der Krankheit in Selbstzeugnissen schöpferischer Menschen*, Wien 1973.

Walter GRUNDMANN, *Das Evangelium nach Markus*, Berlin 1984.

Reiner KACZYNSKI, "Feier der Krankensalbung", in: *Sakramentliche Feiern* I/2, hrsg. v. Hans Bernhard Meyer, Regensburg 1992.

Gisbert GRESHAKE, "Krankensalbung", in: *Lexikon für Theologie und Kirche*, Freiburg 1997, 419-423.

Kardinal LUSTIGERS, *Stärkung fürs Leben. Über das Kranksein und das Sakrament der Krankensalbung*, München 1991.

Franz MUßNER, *Der Jakobusbrief*, Freiburg 1964.

안셀름 그륀 지음
정한교 옮김

A5판 72쪽

세례성사
생명의 축제

초기 교회 사람들에게는 세례가 온 삶을 바꿔놓는 인상적인 체험이었다. 오늘도 다시 많은 이가 오랜 그리스도교 예전에 다가가려 하고 있다. 세례의 좀 더 깊은 뜻은 무엇인가?

안셀름 그륀 신부가 세례를 설명한다. 세례의 상징들을 소개하며 세례에서 이루어져 나올 수 있는 삶의 모습들을 가르쳐 준다.

영세자의 부모와 대부모, 성인 영세 지원자, 그리고 이 생명의 축제에 다시 다가가고자 하는 모든 이를 위한 책이다.

안셀름 그륀 지음
김주현 옮김

A5판 88쪽

고해성사
화해의 축제

지난 수십 년 동안 성사들 가운데 아마 고해성사만큼 논란을 불러일으킨 것도 없을 겁니다. 동시에 교파를 초월해 이 오래된 예식에 대한 관심이 고조되고 있는 것도 사실입니다.

안셀름 그륀 신부는 고해를 "치유의 능력을 지닌, 그리고 실제로 치유하는, 하느님의 은총"으로 이해합니다. 고해 중에 행해지는 대화를 통해 우리는, 죄가 우리 마음의 깊은 곳을 바라볼 수 있는, 그리하여 자신의 참모습을 인식할 수 있는 기회가 될 수도 있다는 사실을 발견합니다. 이처럼 자기 자신과의 화해 그리고 이웃과의 화해에 이르는 구체적인 길이 바로 고해성사입니다.